Vesna Sucurovska
« Vesnitche n°6 »

« Au delà de la rareté «

I0422363

Chapitre I

Au delà de la rareté,
il existe juste trois petites fleurs,
la pensée, les fleurs sauvages
et une fleur de baba,
ainsi que le raisin ou le pruneau,
qui se fondent dans une couleur
véritablement rarissime :
le parme.

Alors, cela a beaucoup impressionné
les peintres et les colieurs.

La seule couleur qui ne
se dissout pas dans les éléments,
apparemment, même si
tout le monde la réclame.

C'est à se demander si
c'est une couleur, uniquement
terrestre ?

Alors que, au contraire,
le raisin était connu, comme étant
le fruit de ceux qui se voulaient
« des Dieu », jadis, chez les Païens,
Occidentaux.

Quand à l'aubergine, elle,
comme elle se liquéfie,
elle ne se cuisine qu'en purée,
ou en caviar d'aubergines,
assez terrestre.

Chapitre II

Cela fait que je peux encore
inventer quelques recettes :

1/ Des sandwiches :

- raisin, pruneau, pensée,
avec, soit du beurre, soit du rockfort,
soit du gruyère, et soit ou avec
du jambon, ou une autre viande,

2/ Glace, raisin, pensée, pruneau,
avec une liqueur sucrée,

3/ Pommes, poire, pommes de terre,
tomate, creusées, avec raisin,
pensée, pruneau, liqueur sucrée,
au four,

garniture, riz, semoule, boulgours,
ou même des pâtes, au piment,

et, ou, n'importe quelle viande,

4/ Boissons :

Yaourt liquide au raisin,
yaourt liquide au pruneaux,
yaourt liquide à la pensée,

5/ Une aubergine entière mais un
peu creusée, avec du raisin, pruneau
et pensée, au millieux, au four,

sauce liqueur, orange, pamplemousse,
ou citron,

6/ Aubergine en rondelles fines,
trempées dans de l'œuf,
cuites à la poile,

sauce liqueur, orange, pamplemousse,
ou citron.

Chapitre III

Mais être terre à terre,
on se demande quel intérêt,
cela peut avoir ?

Ce n'est pas le dépassement,
ce n'est pas la structure,
ce n'est pas spirituel,
c'est hautement,
intemporelle.

Chapitre IV

Et, quand on ne sait rien sur rien,
c'est le Pays des Merveilles,
avec des capacités de synthèse,
exceptionnelles.

Alors, le terrestre est un Sommet,
qui est Ultra Effervescent.

C'est pourquoi, il n'y a rien de
plus stupide que de demander à
quelqu'un, d'être comme ceci ou
comme cela, on ne sait pas,
où se trouvent le plus grand
nombre de bêtises.

Car, ce qui est définit comme
« bêtise », est parfaitement
relatif au culturel.

J'ai pu me passer de sucré durant
50 ans, mais pas du salé, à moins
que ce ne soit, parce que rien de
non salé ne se vende, nul part ?

On vend, pour « racheter », pas pour
autre chose.

Même pas pour la bonne santé.

Chapitre V

Indubitablement, voyager,
pour savoir où est ce qu'on
voyage, cela n'a qu'un intérêt,
très relatif.

Parce que chacun y verra, des
choses différentes.

Si, tu ne trouve pas, les autres,
tu te trouvera, peut être, toi.

La preuve que, toi, tu ne sera,
jamais, les autres.

Chapitre VI

Alors, si vous
« n'avez jamais vu, une femme
intelligente »,
c'est que vous n'avez,
encore
« rien vu ».

Chapitre VII

Quand on veut mettre terre à terre,
des Anges, cela est dut pour quel
indicible humanité ?

Pour celle qui se fiche de tout,
pour celle, qui ne comprend
rien à rien, ou bien pour ceux
qui s'imaginent qui ont déjà
tout comprit, alors, ils s'ennuient,
mais, alors, ils s'ennuient,
à un point et à un degrés si
énorme, que, aucun amusement
ne peut plus les contenter ?

Chapitre VIII

Avec l'été, l'été n'est pas revenu.

Comme c'est étrange, juste un été
du mois d'août.

Et, encore, tellement pas de l'été,
qu'il est aussi doux qu'un printemps
renforcé.

« Moi, j'attends l'ours, qui se mari,
sous la pluie, tellement ce n'est pas
de saison ! »

Chapitre IX

Pour être encore plus rare,
que rare, il faut écrire, le moins
de pages possible, parce que
c'est trop facile, il paraît, de
s'étaler, de tout son long,
sur des milliers de pages.

Comme ça, il paraît, aussi,
il y en a, oui, qui, peut être,
n'ont écrit qu'une seule
phrase, dans leur vie.

Mais, du moment qu'ils ont,
l'argent et la célébrité……..

Chapitre X

Je prend donc, un sujet terrestre,
et je me dis :

« Terrestre de l'arbre qui s'étire,
creuse ton sillon ! »

Chapitre XI

Il paraît, que, j'ai de l'humour,
simplement, ça s'entend pas.

Cherchez l'erreur.

Chapitre XII

Un terrestre, s'il n'a pas, sa pioche,
c'est comme s'il n'avait pas de main.

On peut le lui reprocher, oui,
mais pas pour la main, non.

Chapitre XIII

Il y en a d'autres, ils veulent être
tellement plus rares, que, rare,
qu'ils lisent qu'une seule phrase,
dans leur vie, tellement, la phrase
elle les a marqués pour toujours.

Moi, je dis : c'est trop beau,
l'excellence.

J'en ai pour preuve, cette Merveille,
d'Einstein, oui, qui tire sa langue,
depuis des dizaines et des dizaines
d'années, tant et tant, qu'on se
demanderait, s'il n'y a que lui,
qui en a une, de langue.

Va savoir, dit donc, quelle est
sa vrai profession !

Chapitre XIV

A part ça, le terre à terre, c'est la
quintessence, il paraît, pour certains,
qui se demandent ce qu'ils foutent
sur cette planète.

Et, comme la planète, c'est comme
une pastèque, si tu la loupe, dis
donc, t'a le jus par terre.

Et, comme quand on n'a rien à
faire, quand on est terre à terre,
et, bien, on regarde qui est ce
qui a mit des papiers, n'importe
où, au lieu d'y planter des arbres,
dit donc !

Parce que avec ces papiers là, ils
auraient pu nettoyer le jus de la
pastèque.

Chapitre XV

Pourtant, ce n'est pas ceux qui
ont l'air d'avoir de l'humour,
qui en ont le plus.

C'est pour ça, que, moi,
je ne rit « jamais »,
je suis trop sérieuse !

C'est très claire, quand tu chasse
les Anges, ils ne sont pas
contents du tout.

« Un Ange, tu verra,
si ça chante ou pas ! »

Vesna Sucurovska
« Une note, n'est qu'une note «

Il y en a qui ont fait tellement
d'efforts dans les déguisements,
que les sons, ne sont que des sons,
et, les notes, que des notes.

Ce n'est pas un déguisement très
subtile, qui impressionne, qui
que ce soit, de toute évidence,
tellement ils ont l'habitude de
se déguiser pour vivre, eux.

Chapitre I

Tu prend un son de cloche,
on te dit : c'est pour manger,
alors qu'une cloche, ça devrait
être pour jeûner.

Tu te dit, chez eux, ils faut taper
sur une tête, pour dire : c'est pour
penser.

Dans leur logique à eux, bien sur.

Chapitre II

Quand ils prennent une femme, eux,
c'est pour la faire regarder par les
autres, donc pour la montrer.

Comme leur petite bagnole.

Chapitre III

C'est pour ça, que, eux, ils sont
les seuls, à avoir eu des « starlettes »,
sur les plages, tu comprend,
ce n'est que pour ça, qu'ils ce sont
installés sur des plages.

C'est ceux là qui ont le plus grand
nombre de plages, qui ont le
plus grand nombre « à se vanter ».

C'est pour ça que le terre à terre,
ne leur fait pas peur, à eux.

Puisqu'ils sont sur Terre, c'est pour
se le montrer, tu comprend.

« Ah, toi, t'aime la montagne,
ça te passera, va ! »

Il paraît.

Alors que, eux,
ils ont même fait venir la plage,
jusqu'à Paris, tu comprend ?

Forcément, pour, eux, la bonne
formule c'est le déguisement à
vie, alors que moi, non, je n'ai
aucun déguisement, dans ma
vie, je reste une politicienne,
ça ne se voit pas ?

www.ingramcontent.com/pod-product-compliance
Lightning Source LLC
Chambersburg PA
CBHW060347290526
45791CB00004B/1565